AF402611

NOTE

SUR

L'ORGANISATION

FACULTATIVE

DES DÉBOUCHÉS

DE

L'INDUSTRIE PARISIENNE

ABOUCHEMENT DIRECT

DU PRODUCTEUR ET DU CONSOMMATEUR.

PAR

D. POTONIE,

COMMISSIONNAIRE EN MARCHANDISES.

JUILLET 1848.

PRIX : **20** CENTIMES.

PARIS.

Chez GUILLAUMIN et Cⁱᵉ, rue Richelieu, 14;
DUTERTRE, passage Bourg–l'Abbé, 20;
J. LECLÈRE fils, boulevard Saint-Martin, 13.

CONSIDÉRATIONS PRÉLIMINAIRES.

A MESSIEURS LES MEMBRES DE LA COMMISSION CHARGÉS D'ÉTUDIER LES DIVERS SYSTÈMES D'EXPORTATION.

Paris, ce 14 *juillet* 1848.

MESSIEURS,

Le *Moniteur* du 11 courant indique votre commission comme chargée d'étudier les divers systèmes propres à donner aux exportations la plus vive impulsion par des primes ou avances en faveur de l'industrie et du commerce français. Le projet de décret du comité du travail présenté à l'Assemblée nationale par M. Waldeck Rousseau (*Moniteur* du 21 juin) tendait de plus à provoquer des associations avec lesquelles plutôt qu'avec des entreprises particulières le gouvernement peut préférer traiter. Je viens vous soumettre des considérations dans le sens de ces deux idées.

Je vous demanderai votre indulgence pour la forme d'expression de mes pensées; inhabile en l'art d'écrire, je vous offre surtout l'expérience en matière d'exportation d'un commerçant qui depuis plusieurs années s'applique à étudier les ressources de l'*Industrie parisienne*. Je voudrais traiter dans cette notice autant l'état normal de cette industrie que sa souffrance actuelle ; je voudrais remonter aux causes du mal qui dépendent de notre imprévoyance, et faire de cet écrit une espèce d'introduction aux études spéciales que nous voulons tous faire avant que d'en venir aux moyens d'application. Cette notice semblerait peu répondre aux exigences qui nous pressent avant l'hiver;

mais vous voudrez, Messieurs, voir les choses de plus haut, et, jetant l'œil sur le passé, poser pour un avenir lointain des bases solides. Ce n'est que par écrit que je pouvais exposer des considérations générales, que je prends occasion de soumettre en même temps aux intéressés de l'industrie parisienne, à MM. les fabricants et commerçants, mes collègues.

Vitalité de l'Industrie parisienne.

Sous le titre d'Industrie parisienne, on comprend Bronzes, Pendulerie, Lamperie, Optique, Bijouterie, Meubles, Papiers peints, Porcelaine, Quincaillerie, Mercerie, et une série d'articles que j'ai dénommés dans un Tableau imprimé en 1842, avec leurs valeurs d'exportation, pour les quinze principales contrées du globe. — Ces articles peuvent former le quart de l'exportation de la France ; les trois autres quarts se composent de Produits naturels, de Boissons, et de la grande famille des Tissus.

Nos articles porcelaines, meubles, pendules et cylindres, sont d'un grand encombrement pour la *Marine*.

Le titre d'industrie *parisienne* serait souvent remplacé avec justesse par celui d'industrie *française;* car si Paris, par ses théâtres, ses musées, est le centre du luxe, du goût et du dessin, les industries de Lyon, de Mulhouse, de Rouen, de Limoges, sous l'influence du beau climat de la France, reflètent aussi la première civilisation du globe dans leurs produits *façonnés*, qui sont vivement recherchés par toutes les nations. — Nous n'avons de concurrents nulle part, et le goût est tellement inhérent au sol, que le génie de nos inventeurs français se dessèche presque à l'étranger comme la séve de nos vignes se dessécherait si on les transplantait en Norwége. Nos produits ont plus de la moitié de leur valeur en simple façon. Dans nos mains le zinc devient l'égal du bronze, l'os de l'ivoire, le cuivre de l'or. Paris est bien le centre de l'agréable, et Voltaire a dit que l'agréable est un superflu excessivement nécessaire. Pour les articles de précision, nous avons aussi une renommée méritée ; la France est la patrie des sciences comme des arts. — Les prix de nos produits seraient à peu près ce que nous voudrions les noter sans l'équilibre dû à notre concurrence intérieure : notre industrie parisienne ou française n'a pas besoin de *protection*, et quand les nations dans leur sainte-alliance ou dans leur entente cordiale se donneront la main et se diviseront le travail du globe, nous n'aurons pas besoin de renvoyer à l'agriculture les intelligences d'élite, qui des campagnes viennent former des artistes dans nos villes. La Russie nous fournira plus de grains, nous fournirons plus de mercerie française à la Russie ; nous emploierons tous les ouvriers qui ont la force de soutenir les chances des capitales, et le génie français suivra mieux les lois de sa vocation.

Mais pourquoi ces résultats espérés pour l'avenir n'ont-ils pas été obtenus plus tôt? Nous croyons devoir l'attribuer à la raison suivante :

Prévoyance et nécessité.

Les progrès humains sont dus généralement autant à la pression de la nécessité qu'à la vertu de la prévoyance, même chez l'homme civilisé. C'est des aspérités du caillou que s'échappe l'étincelle qui allume les plus grandes flammes. — Excusez, Messieurs, la témérité et l'impiété de ma conviction ; mais je crois qu'il faut, de la difficulté où nous sommes, faire jaillir le feu sacré commercial qui ne nous a pas encore assez échauffés.

On a cru que la France était éminemment agricole, industrielle, artistique, et qu'elle ne pouvait être *commerciale* et *maritime*. On s'est assurément trompé. — Le Français, bon soldat en temps de guerre, peut devenir bon marin en temps de paix. Il y a dans les villes quelquefois un superflu de cerveaux, que vous dirigerez plus utilement hors des côtes que vous ne les refoulerez vers la charrue. Jusqu'ici la *nécessité* ne nous faisait pas songer à cette issue ; nous étions heureux chez nous : après la guerre et la gloire de Napoléon qui nous occupa au commencement du siècle, l'industrie se développa sans trop grande concurrence ; mais nous devons aller plus loin.

Pour les Anglais, le système continental de l'Europe fut une *nécessité* qui les força d'élargir leur système d'invasion commerciale sur les quatre autres parties du globe; et ils y ont acquis une grande influence et fait de grands profits, auprès d'une clientèle que rien aujourd'hui ne nous empêche d'aller solliciter comme eux.

Je sais bien que les difficultés de vivre dans le Nord, cette *néeessité* géographique, rendent les Septentrionaux plus persévérants et aiguisent mieux leur *volonté*, tandis que les facilités de vivre dans le Midi, rendent les Méridionaux plus esclaves de leur *fantaisie* et de leur imagination. Or, si l'Angleterre est une grande nation du Nord, la France est bien certainement la première nation du Midi; et quoique les caractéres des deux nations se modifient en se rapprochant tous les jours de plus en plus, nous savons que c'est toujours contre les excès de notre *imagination* que nous avons à nous tenir en garde, pour ne pas être compris dans le dicton : « Toujours les inventeurs se ruinent. » Si donc la *nécessité* est capable de nous donner des leçons, ne les rejetons pas. *Patience*, *Prévoyance*, *Persévérance*, rendons ces vertus républicaines, et que la France (dût le tableau des avocats être moins chargé) compte parmi ses fils plus de commerçants et plus de marins.

Protection du Gouvernement.

Beaucoup de personnes assurent de bonne foi, quand le commerce souffre, que c'est la faute du gouvernement. — Hélas! pourquoi n'étudie-t-on pas de plus près l'économie commerciale de l'Angleterre? l'on verrait que là le gouvernement n'est que le *secrétaire* du commerce, et non pas le *président* de ses opérations.

Et en passant, nous dirons que notre ministère du commerce est en avance sur le commerce et sur l'industrie pour bien des points où ses efforts ne rencontrent que l'indifférence du public, ce qui ne veut pas dire que le commerce ne pourrait pas bientôt et facilement reprendre les devants.

Le gouvernement a pour rôle d'être *protecteur, législateur, arbitre*, mais il ne doit pas être *entrepreneur*. — L'État nous doit l'appui de sa flotte pour la sûreté de nos nationaux ; il nous doit des modifications de douanes et des traités de commerce négociés avec les étrangers ; il nous doit des renseignements de nos consuls, et encore des renseignements généraux de législation et de navigation, mais pas de renseignements spéciaux, surtout pour notre industrie parisienne, qui demande une étude particulière et détaillée. L'État nous doit des tribunaux de commerce et de prud'hommes ; mais des primes, est-ce nécessaire ? à la rigueur on pourrait s'arrêter aux drawbacks. L'État nous doit le plus de liberté possible ; et surtout, mieux avisé qu'Alexandre auprès de Diogène, il ne doit pas nous cacher notre soleil. L'État doit combiner ses rapports avec les États voisins, de manière à éviter la fâcheuse position où nous sommes en ce moment vis-à-vis de l'Autriche et de la Russie, entre autres ; desquels pays nous ne pouvons faire revenir nos capitaux, l'exportation du numéraire venant d'y être interdite ; desquels pays nous ne pouvons faire venir de marchandises, grâce au peu de libéralité de nos tarifs, et où nous sommes obligés d'acheter des rentes ou chemins de fer, pour poser quelque part les fonds reçus en payement de nos commettants. L'État a pour mission surtout d'empêcher le mal, mais il n'a guère faculté pour créer le bien.

Soyons donc discrets à lui faire des demandes et à nous appuyer sur lui ; on sait que tout son trésor il le puise dans nos poches. Or, que gagnons-nous quand le *Doit* de notre main gauche se balance par l'*Avoir* de notre main droite, dont il faut distraire tous les *Frais* et toutes les lenteurs de l'administration ?

Oui, si l'État doit faire moins qu'on ne voudrait réclamer de lui, le Commerce, par contre, doit faire beaucoup plus.

Action du Commerce et de l'Industrie.

Ici se présente l'idée de l'*Association*, d'abord réglant les intérêts des commerçants et des fabricants entre eux, puis reliant le commerce et l'industrie pour ouvrir les débouchés, et s'adresser à la consommation.

Je sais que les Anglais ne passeront pas de leurs simples associations actuelles (Joint-stock company) à la réédification d'une grande Compagnie des Indes, et je n'ai qu'une confiance modérée dans les associations d'intérêts en général; mais, pour l'industrie parisienne, il est de certaines études que nous avons besoin de faire en commun; et, sans rêver même quelque chose de semblable au Lloyd de Trieste, je désirerais que, déviant un peu du terrain révolutionnaire, nous missions dans des clubs industriels ou dans des meetings commerciaux une portion de cette ardeur dont l'électricité politique a été remuer un si grand nombre de nos voisins.

Eh quoi! nous serons de feu quand il s'agira pour le parlement de faire triompher un avocat sur un général, un journaliste sur un ingénieur, et nous serions de glace quand il s'agit de nos intérêts les plus proches, je dirai même les plus municipaux, et qui pèsent si fort dans les intérêts généraux de la France !

Intérêt et Dévouement, deux mots qui semblent être, qui sont en effet souvent en antagonisme, mais qu'il s'agit de mettre en harmonie. L'*Intérêt*, dans les vieux temps, avait pour *représentant* Mercure, dieu des marchands et des voleurs; mais, depuis que la civilisation a remplacé les dieux par les ministres, le *Dévouement*, modérant ses élans pindariques, a fait une fusion avec l'intérêt; et tout le talent aujourd'hui est de tracer au dévouement et à l'intérêt leurs limites rationnelles et équitables.

Mais le nombre des classiques qui penchent pour Mercure et pour l'intérêt est encore fort grand; et ce ne sont pas ceux dont la fortune réussit le moins; activité, ordre, économie, intelligence, unité de vues, connaissances spéciales, persévérance, sont des qualités qui font souvent réussir les individus mieux que les sociétés : aussi gardons-nous bien de tomber dans les utopies socialistes, en voulant détruire le nerf individuel; et si le mot *Organisation* est dans notre titre, qu'on veuille bien distinguer notre *organisation* FACULTATIVE de toute malheureuse idée d'*organisation* OBLIGATOIRE.

Dans l'association, nous voyons la division du travail, le

partage des rôles ; nous remplaçons souvent la *Concurrence* par le concours, mais le Commerce, intermédiaire entre la production et la consommation, ne peut avoir aucune velléité de détruire la concurrence des fabricants, ce qui ne ferait pas l'affaire des acheteurs étrangers, pas plus que la concurrence de ceux-ci organisés, s'il était possible, en monopole, ne serait à l'avantage des fabricants.

Le *Contrôle*, âme de toute association, devra s'établir actif, sévère, mutuel ; et si le commerçant a la mission de contrôler le produit des fabricants, les fabricants contrôlant la gestion des commerçants devront, par voie de l'élection, les choisir pour les rôles de Vérificateurs, de Facteurs, d'Arbitres, de même que, pour les tribunaux de commerce et de prud'hommes, les justiciables choisissent les juges.

Et le cas où ce contrôle mutuel est reconnu d'urgence par un chacun, est celui où Industriels et Commerçants se présentent sur le marché vis-à-vis des Étrangers, et où la bannière dominante doit être celle de la PROBITÉ.

Ce serait une sainte ligue, une union bien respectable que celle de membres sous la foi d'une *Estampille* engagés même rien que par la promesse, d'agir avec loyauté et de laisser de côté toutes ces finasseries et tous ces marchandages que d'autres nations ont abandonnés, ne fût-ce que par calcul et par économie de temps.

Après les théories énoncées ci-devant, entrons d'une manière plus précise dans quelques exemples d'application.

MOYENS DE DÉBOUCHÉS.

Réunions et Unions.

Réunion, quand il ne s'agit que de s'assembler pour conférer, étudier ensemble, délibérer.

— *Union*, quand il y a alliance d'intérêts plus ou moins grands.

— Il est sage de ne pas passer à des unions sans s'être connus et compris dans des réunions préliminaires, ou, autrement dit, de ne faire de pratique qu'après avoir débattu les diverses théories.

Nous allons diviser en six chapitres les degrés, les phases, les essais que nous considérons comme moyens d'activer les débouchés de l'industrie parisienne :

1° *Conférences*, avec une simple cotisation de dix francs environ par an, à l'instar des clubs ;

2° *Publicité*, qui augmenterait la cotisation par l'entreprise d'un bulletin, avec ou sans dessins lithographiques ;

3° *Estampille*, qui, entrant dans le domaine des produits, nécessiterait d'abord des frais plus grands supportés il est vrai par la marchandise, mais surtout une organisation déjà compliquée ;

4° *Exposition* ou centralisation sur le marché de Paris, pour aider à la *Demande* des étrangers ;

5° *Exportation*, ou transport de l'*Offre* sur les marchés étrangers, le moyen le plus coûteux, la dernière phase de nos essais.

6° Enfin, *Éducation*, théorie la plus large, la plus vague, diront les esprits légers ; mais la plus solide et la plus certaine, diront les vrais amis de la patrie.

Avant de traiter sommairement ces six questions, je signalerai à votre attention, Messieurs, comme le modèle le plus convenable à imiter, la *Société d'encouragement pour l'industrie nationale*, rue du Bac, vrai centre de *Découvertes*, comme la société que je désire serait un vrai centre de *Débouchés*.

La Société d'encouragement, fondée il y a bientôt cinquante ans, sur la réussite de laquelle Chaptal, ministre de l'intérieur, émettait des craintes en 1801 ; la Société d'encouragement, riche d'une rente de quatre-vingt mille francs qu'elle emploie à encourager l'industrie, devait aussi, dans l'intention de ses fondateurs, qui créèrent un comité de commerce, encourager les débouchés et la circulation ; mais ce pauvre commerce, qui a été étouffé chez les Carthaginois par les Romains, qui a été étouffé en la personne de Jacques Cœur par les hommes d'armes du quinzième siècle, est encore étouffé en plein dix-neuvième siècle, à la rue du Bac, par deux comités dominants; et pour en donner une preuve entre autres, l'an passé, le président de la Société, qui a poussé les recherches de la chimie à des *limites* qu'on n'avait pas encore atteintes, s'étant permis de penser que le commerce français pouvait sortir de nos frontières, et s'exercer dans des *limites* que nos voisins d'outre-manche regardent comme leurs faubourgs, l'honorable président, menacé sur son siége, a été ramené aux considérations chimiques du globe, avec prière d'oublier les considérations philosophiques, géographiques, commerciales et maritimes de ce qui ne paraissait pas à la Société être du travail national.

Et ce qui excuserait à quelques égards la Société d'encouragement, c'est que l'industrie est bien assez loin poussée en France pour former une organisation à part, entre l'Agriculture d'une part, à laquelle se rattachent diverses branches d'industrie, et, d'autre part, entre le Commerce et la Marine, auxquels se rattachent le plus grand nombre des autres branches d'industrie vraiment françaises. La Société d'encouragement une fois excusée, il n'en reste pas moins à créer une institution vivace pour les *Débouchés.*

Pour les unions ou réunions, je demanderais, suivant le tableau de 1842 déjà cité, deux sections bien tranchées, et opposées : 1° celle des Fabricants ou délégués des branches de production, et 2° celle des Commerçants exportateurs ou délégués des contrées de consommation. Une dernière section moins indispensable réunirait quelques savants et artistes professeurs du goût et de la précision, qui sont la base de nos produits, des économistes, des banquiers représentant les capitaux, des armateurs et agents des transports et douanes, enfin des jurisconsultes pour l'étude et la poursuite des litiges qui s'opposent aux rentrées des capitaux engagés.

J'ai donné déjà (page 2) une nomenclature sommaire des branches de la production parisienne.

Voici comment on pourrait diviser les contrées de consommation du globe à peu près d'après l'importance : 1° Amérique du Sud; 2° États-Unis; 3° Angleterre; 4° Allemagne;

5° Italie et Suisse; 6° Espagne et Portugal; 7° Belgique et Pays-Bas; 8° Russie; 9° Pays scandinaves; 10° Levant; 11° Asie, Afrique et Océanie; 12° nos Colonies.

Conférences.

Il y a à Paris divers clubs ou cercles de commerçants ou de fabricants, mais qui n'ont été fondés que pour le *loisir;* la Société d'encouragement ne s'occupe que de *travail;* n'ayons pas la prétention d'allier le travail et le loisir, qui doivent avoir chacun leur local séparé.

Étudier, comme on doit le faire dans les chambres de commerce, les ressources et les obstacles de l'industrie et du commerce;

S'éclairer sur les notions exactes du commerce international;

S'entendre avec les autorités, ministères, chambres de commerce, prud'hommes, consuls; transmettre les pétitions intelligentes;

Prendre connaissance sur des extraits pour chaque branche ou chaque contrée, des documents mensuels du ministère du commerce, et fournir nous-mêmes des renseignements;

Pousser à la simplification de nos douanes, et à l'influence sur les douanes étrangères;

Dans les chiffres de production et d'exportation, calculer les espérances et prévoir les crises;

Aviser à tenir haut l'honneur national;

Dans les phases depuis le sentiment naissant d'un pays pour nos produits de goût jusqu'au moment où il arrive à nous imiter, scruter les chances de réussite qu'ont nos articles pour de nouveaux pays;

Débattre les intérêts de la production et de la circulation, de manière à ce que le commerçant, qui doit ressembler à la lentille d'optique qui rapproche les rapports, ne devienne pas un verre opaque qui les obstrue;

Enfin, toucher toutes les questions qui sembleraient dévolues à la chambre de commerce de Paris, mais qui, vu les spécialités et les détails, ont nécessité, à côté du tribunal de commerce, les tribunaux des prud'hommes.

Tels sont divers sujets de conférences, dont le programme serait facile à augmenter.

Publicité.

Si de l'intérieur de votre lieu de réunion vous voulez agir sur le public producteur ou consommateur, vous arrivez à la nécessité d'un journal ou bulletin avec planches, comme le publie la Société d'encouragement. Seulement, au lieu de faire ressortir, comme celle-ci, les procédés de haute invention, sans s'occuper beaucoup des dépenses, vous avez à mettre en relief les beaux produits avec leurs prix; les produits aussi, qui, au lieu du mérite de la nouveauté, ont le mérite du bas prix, de manière à être vulgarisés et répandus sur tous les marchés.

Vous faites la guerre à la *Réclame*, et vous favorisez l'abouchement du bon producteur et du bon consommateur.

Vous votez, aux frais de la Société, l'impression et le dessin de tout ce qui est digne d'être encouragé. — Les dessins se lisent par tous les yeux du globe ; mais les explications seraient traduites dans les langues principales.

Seulement, pour les conditions et prix de vente, le commerçant qui a l'habitude de ces calculs devra mettre les fabricants en garde contre l'extrême imprévoyance avec laquelle ces messieurs procèdent trop souvent à cet égard.

Estampille.

L'appréciation des produits à faire valoir par la publicité, supposait déjà des Vérificateurs choisis par les fabricants sur la liste des commerçants.

On comprend que des hommes non fabricants eux-mêmes, mais commerçants déjà connaisseurs, ou bien des commis de choix qui se voueraient à l'étude approfondie des spécialités, ce qui ouvrirait des carrières, honorables et lucratives ; on comprend, dis-je, que de tels jurés, de tels appréciateurs, offriraient toutes les garanties désirables pour indiquer la valeur d'un produit, soit aux étrangers acheteurs, soit aux commissionnaires d'achats qui représentent la consommation du dehors, et qui ne peuvent étudier à fond toutes les branches de fabrication.

Cette estampille de commerce sera le complément des marques de fabrique, et obviera au manque de marque de certains produits : elle se fera connaître avec avantage sur les marchés du dehors ; recherchée, exigée même, elle pourra se faire payer raisonnablement, car le consommateur paye volontiers quand il a la certitude de n'être pas trompé. — Cette estampille n'a pas la prétention de devenir un monopole ; la nôtre est l'estampille *Jacques Cœur*, déposée suivant la loi.

D'autres prendront l'estampille Turgot, l'estampille Colbert ; et si ces estampilles étaient contrefaites sur les marchés par des fabriques non françaises, nos consuls, pour des colis qui en vaudraient la peine, appuieraient ne leurs sceaux notre estampille véritable.

Je n'entrerai pas ici dans l'organisation de cette estampille, dans son application aux produits divers, depuis la boucle d'oreille de quelques grammes jusqu'à la caisse de deux cents kilos ; ceci, Messieurs les membres de la commission, est du métier que nous traiterons avec nos collègues de la fabrique et du commerce.

Exposition.

La gradation de nos oooois nous mène à désirer, sur une belle échelle, une exposition des *échantillons* des produits de l'industrie parisienne, pour que l'étranger, en arrivant, puisse faire un choix des fabriques qu'il devra visiter, et d'un coup d'œil combiner son projet d'achat.

Aux expositions du gouvernement beaucoup de bons fabricants n'adressent pas leurs nouveautés, de peur du plagiat des émissaires chaque fois envoyés soigneusement de l'étranger; notre exposition d'Échantillons différerait des expositions du gouvernement, en ce que les produits similaires de divers fabricants concurrents seraient exposés à la comparaison de l'acheteur; l'entrée serait donc interdite aux fabricants; et les commerçants *Facteurs* feraient valoir les produits, et concluraient souvent les affaires pour une légère provision.

Cette exposition, concentration de l'offre et de la demande, rechercherait, outre les nouveautés de goût, les produits usuels, bons et bon marché, donc susceptibles de débouchés; cette exposition viserait à l'approbation et à l'échange du globe, laissant chaque nation de l'Europe, dans des expositions nationales, stimuler la fièvre des chefs-d'œuvre sans prix, sans utilité, sans acheteurs, et les couvrir de fanfares et de récompenses, satisfaction que, du reste l'Angleterre ne donne pas à ses fabricants.

Et, à l'occasion des expositions, je pense que les objets qui ont été déposés en gage aux entrepôts publics devraient d'abord être exposés ici sur place, avant que de courir la chance dangereuse de la surcharge du transport et des droits d'entrée en pays étrangers, chance à laquelle les exposait l'article 9 du projet de la commission du travail; pourtant réservons-nous de voir de plus près les marchandises déposées, ainsi que les conditions et prix.

Exportation.

Tout ce qui a été indiqué jusqu'ici était encore assez simple, comparé à de véritables entreprises d'exportation.

Que l'État d'abord s'abstienne de toute entreprise, comme nous l'avons déjà dit, après nous avoir mis sur la voie par un essai à Mayotte, et par l'expédition en Chine, entreprise que nous connaissons à fond, ayant été membre de la commission d'examen de l'opération chinoise.

L'État, mieux renseigné sur les questions politiques, est, sur les points commerciaux, moins bien renseigné que les particuliers, qui ne lui confieront pas leurs secrets.

Une société est une agrégation de particuliers qui pèsent leurs intérêts en commun : l'État, c'est une providence avec l'énorme corne d'abondance renversée, de laquelle doivent tomber sur nous les faveurs et les cadeaux.

La Chine, comme contrée d'études, était le point le plus intéressant vers lequel l'État pouvait diriger une expédition : mais ce pays ne mûrit que lentement, et il serait dangereux de forcer plus que ne le font quelques armateurs, et la Société chino-parisienne. — Plus près de nous sont des pays qui offrent des chances meilleures, et sur lesquels nous reviendrons : et Londres pourrait être le premier point.

Pour notre industrie parisienne nous penchons surtout pour des comptoirs permanents, la pacotille et l'intercourse procèdent d'une manière trop incertaine. — Il est vrai que la permanence opérera d'une manière plus lente que la pacotille, mais elle offrira moins de hasards, et nous mènera plus sûrement au but désiré.

Figurons-nous l'union Jacques Cœur arrivée à ce degré qu'elle puisse commanditer ou faire commanditer des jeunes gens qui iraient, comme les Anglais, passer six à huit ans dans des comptoirs où ils étudieraient les goûts des nations, et les familiariseraient avec notre goût; d'où ils éclaireraient les fabricants sur les besoins des contrées diverses. Une telle émigration, d'où nos jeunes commerçants correspondraient avec leurs frères et collègues des autres contrées, serait acceptée avec enthousiasme, et justement en raison du danger que présentent quelquefois ces missions. N'avons-nous pas eu, en août dernier, notre agent, sujet suisse, assassiné dans le port même de Canton par des pirates chinois? et son successeur, parti dernièrement, ne va-t-il pas dans les factoreries, après cinq mille lieues de traversée, s'exposer à des dangers équivalents à ceux affrontés dans l'état militaire, ou à des martyres à côté de nos missionnaires français?

Plus nos jeunes émigrants s'attacheront à des branches spéciales , plus ils seront sûrs de la réussite. L'union Jacques Cœur, conseillerait toujours pour commencer plutôt des Échantillonages que des Stocks (assortiments), elle aviserait à aboucher le plus directement possible le producteur et le consommateur ; et moins le rôle d'action et de responsabilité que l'union aurait à jouer serait lourd, plus elle serait sûre de rendre des services à l'exportation parisienne et française.

Nous dirons à nos collègues du commerce : Il arrivera que des fabriques lancées ainsi par vous, si leurs débouchés deviennent considérables, pourront et devront un jour se passer de votre entremise , parce que justement elles auraient leurs agents spéciaux dans les pays que vous leur auriez ouverts ; mais d'abord, jusque-là , vous aurez gagné des provisions avec elles (intérêt) ; et si la France doublait ou triplait par là son exportation, et que vous y eussiez contribué, n'en seriez-vous pas heureux (dévouement)? Et puis, le commerçant , souvent courtier sans grand matériel, retrouve de nouveaux articles quand certains lui échappent ; tandis que le fabricant a pour ses usines et pour ses modèles toujours de grandes avances à faire, dont toute économie permise doit le dédommager.

Éducation.

Ce chapitre, Messieurs les membres de la commission, est trop loin de votre mandat pour que je m'y étende. Regrettons seulement que pour les carrières militaire ou civile, mines, artillerie, marine, arts et manufactures, agriculture, des *écoles*, des *cours* existent, mais que notre pauvre commerce, soit si maigrement partagé. L'Université nous apprend du grec et du latin, qu'elle devrait remplacer par deux langues étrangères vivantes. L'éducation du commerçant devrait se nourrir de voyages comme celle du peintre va se compléter à Rome ; et quand je vis dernièrement qu'on pouvait aller à Londres pour moins de 30 fr., je calculais que huit fabricants, pères de famille, réunissant 1,000 fr., soit 125 fr. pour chacun de leurs fils, pouvaient fort utilement leur faire passer une semaine de vacances à Londres; et si j'avais l'honneur d'être le Mentor et le Cicérone de la troupe, je voudrais essayer de leur faire partager ces fortes émotions qui m'exaltèrent à l'âge de vingt ans, quand pour la première fois je vis cette ville immense, ce grand fleuve, premier port du globe, ces docks, ces larges rues, toute cette physionomie si différente de la nôtre; cette ville enfin à quinze heures de Paris, la plus intéressante que je connaisse, et où les Français auront tant d'emprunts à faire dans l'avenir.

Messieurs les membres de la commission, je conclus en me mettant à votre disposition pour les détails plus spéciaux que ne pouvait contenir cette notice destinée aussi au public fabricant et commerçant.

Si mes vues avaient votre approbation, j'aurais gagné la moitié de ma cause, et m'adressant de suite à mes collègues de l'industrie parisienne, je provoquerais la discussion des idées que je soulève, et tâcherais de trouver beaucoup d'amis qui partageassent ma conviction, désireux d'ailleurs de m'éclairer par les observations des autres.

Les tissus et les produits naturels auraient probablement fait de leur côté des recherches et des efforts dont pourrait profiter l'industrie parisienne, et si ces trois familles de production pouvaient se rapprocher, l'industrie française, représentée en un seul faisceau, secondant les conseils supérieurs et généraux du commerce et des manufactures, marcherait plus sûrement vers une régénération nécessaire aux destinées de la République.

J'ai l'honneur d'être,

Messieurs les membres de la commission,

Votre bien dévoué serviteur,

D. POTONIÉ.

ABOUCHEMENT DIRECT

DU PRODUCTEUR ET DU CONSOMMATEUR.

A MESSIEURS LES FABRICANTS ET COMMERÇANTS.

Paris, ce 25 juillet 1848.

Ce qui va terminer cette notice, entrera plus intimement dans la pratique de l'exportation, et dans les rapports qui lient le fabricant et le commerçant , rapports dont les bases s'appliquent à des unions comme à des particuliers.

L'abouchement direct du fabricant et du marchand étranger n'exclut pas plus le commissionnaire, qu'il n'exclut le roulier français, le banquier étranger, et tous les intermédiaires que la division du travail nécessite entre les industries fortement organisées. Les chemins de fer, la confraternité probable des nations, qui forcera la diminution des tarifs de douanes, toutes les tendances du progrès amèneront par la suite à Paris beaucoup d'acheteurs étrangers, qui viendront choisir à leur goût les qualités et genres appropriés à leur consommation ; préparons-nous à les recevoir, et faisons du marché de Paris le centre de la *Demande* des produits de civilisation.

Les commissionnaires, mes collègues, qui s'effrayeraient au premier abord de l'idée d'aboucher directement le fabricant et l'étranger, reconnaîtront bientôt que si notre rôle par là est simplifié, les chances de notre responsabilité se simplifient également, et que notre bénéfice final n'en sera pas amoindri.

En effet, au milieu de l'immense diversité des spécialités de l'Industrie parisienne, est-il possible qu'un commerçant, qui n'est pas initié aux secrets de l'atelier, puisse distinguer la véritable valeur de tant d'articles qui passent par ses mains, et les couvrir avec succès de sa garantie, sans exiger un fort bénéfice dont les connaisseurs spéciaux pourraient facilement s'affranchir? Et ce bénéfice est souvent trop faible encore, en raison du rôle bénévole de dupe que joue le commerçant ; car, d'une part, c'est le fabricant qui a tout l'avantage de livrer ses produits dont il connaît le faible, plutôt au commerçant contre des espèces même avec un escompte élevé, qu'à un professionniste connaisseur, qui ne laisserait pas passer les imperfections. D'autre part, en prenant les commandes, le commerçant est exposé à souscrire à des fantaisies de l'étranger que le fabricant refuserait comme inexécutables s'il opérait à ses risques ; et c'est sur lui, commerçant, que retombent en dernière analyse les litiges de ces commandes confuses.

Les rôles étant mieux définis à chacun, le capital, que l'on accuse si souvent d'être oppresseur, sera en effet plus rarement victime.

Concentration de l'offre et de la demande.

L'organisation des échanges embrasse *temps, lieux, contractants, produits, choix* et *prix*.

Quelle marche suit la centralisation des échanges, et en quels lieux le progrès doit-il la fixer?

Des marchés de simples bourgs se sont transformés en foires pour le vieux continent: Beaucaire, rendez-vous des côtes de la Méditerrannée ; Leipzig, rendez-vous des fabriques de l'Occident, et des Polonais, Russes, Arméniens, Persans ; Nijni-Novogorod, rendez-vous de l'Europe et de l'Asie ; Kiatka, rendez-vous des Russes et des Chinois ; — mais les foires sont l'enfance du commerce, et quand l'offre et la demande touchent à des spécialités de fabrication, ou bien le fabricant va faire connaître et proposer son produit chez le marchand étranger, ou bien le consommateur vient étudier le produit et le choisir en fabrique.

Dans les contrées civilisées, les foires annuelles sont remplacées par des bourses journalières, où l'échantillon d'une denrée exotique présenté dans le creux de la main décide les affaires les plus importantes.

Mais les intéressés de l'Industrie parisienne ne peuvent concentrer leurs offres sous un aussi petit volume ; il leur faut des collections nombreuses d'échantillons appuyées de dessins, s'ils vont hors frontière postuler des ordres ; il leur faut des expositions plus complètes encore, d'échantillons, de lithographies, de tarifs, s'ils veulent attirer à Paris les acheteurs étrangers. — L'Allemagne offre l'exemple de ces expositions, faites par des unions de professionnistes pourtant concurrents. Et c'est chez nous, à Paris, que le progrès doit viser à fixer la concentration des échanges de l'Industrie parisienne.

Mais ce résultat demande des efforts et des voyages préliminaires.

Lieux de débouchés.

Le fabricant sent bien, dans l'intérêt de sa vente, qu'il est bon de se porter vers les lieux de consommation ; mais combien d'essais imprudents ont été faits à certaines foires où le fabricant avait encore de la peine à solder sa marchandise à demi-valeur ! combien de gros lots tentés à la loterie de certaines exportations d'outre-mer, sous des pacotilleurs audacieux qui, une fois lancés, ne reparaissent plus, ou qui rapportent de lamentables comptes de retour !

Étudions mieux la naissance, le développement, la décroissance des débouchés de nos articles, vers les lieux de consommation ; ce sont toujours les mêmes phases qui nous renseigneront pour les contrées vierges à explorer. Prenons quelques exemples sur notre continent.

Il y a des années, dans une ville de l'Allemagne rhénane, un voyageur français déterminait un commerçant à essayer de notre porcelaine. Ce commerçant, comme tous les commerçants primitifs des contrées encore peu développées, exerçait son négoce sur les denrées coloniales, sur les épices, sur le sucre et le café ; or, il comprit le rapport entre ces denrées et la cafetière et le sucrier de porcelaine, le contenu et le conténant. Il fit un essai, qui lui rendit, aucune concurrence ne le gênant ; puis, sous la rubrique de porcelaîne, il s'assortit d'encriers, de vases, et de tous les produits céramiques français, qu'il substitua aux produits tropicaux ; cette maison devint une cliente précieuse pour le voyageur ; et aujourd'hui, s'appuyant sur la protection du Zollverein, elle est devenue une fabrique concurrente, peu redoutable il est vrai, qui ne tire plus de France que les porcelaines blanches, les couleurs, et quelques peintres qui vont outre-Rhin vulgariser notre goût et notre dessin.

Les articles de l'Industrie parisienne, si souvent destinés aux jouissances de l'imagination quand ils se présentent sur un marché nouveau, plaisent mieux que les articles anglais, et se placent à de bons prix sur lesquels le vendeur dicte à peu près la loi à l'acheteur. Pourtant il serait dangereux pour nous de compter trop longtemps sur les succès de la nouveauté ; et les marchands qui ne donnent pas la préférence aux objets courants, voient promptement ces nouveautés s'amonceler chez eux en garde-magasins ; les acheteurs les plus solides deviennent ces professionistes spéciaux, horlogers, opticiens, ferblantiers, orfèvres qui ont souvent travaillé dans leur jeunesse à Paris et qui, ne s'appliquant qu'à connaître leurs seules branches, amènent naturellement la division des clientèles comme à Londres et à Paris. Parallèllement à cette échelle de commettants, depuis l'épicier jusqu'à l'ouvrier, les commandes se font depuis les articles complets, jusqu'aux fournitures les plus détaillées. Ainsi nous vendions jadis en Allemagne beaucoup de lampes ; puis on ne nous demanda que les crics pour fabriquer les lampes ; et il est probable que la valeur d'exportation des crics a dépassé la valeur des lampes complètes, tant l'usage des lampes, qui est encore peu général en Angleterre, s'est généralisé en Allemagne. — Enfin, l'on nous demanda des machines pour fabriquer des crics et des fournitures de lampes ; ici, la demande des anciens articles put baisser ; mais en revanche, les lampes, carcels et modérateurs, mode acceptée par les Allemands, prirent un bel essor.

La production française est pleine de ressources pour fournir toujours des aliments de demande à la consommation étrangère. C'est à nous à profiter plus largement des années de développement et de durée d'un article, en l'exportant nous-mêmes, et en étudiant par là en même temps les goûts et les besoins des étrangers.

ROLE DU COMMERÇANT.

Le commerçant est marchand ou commissionnaire : comme marchand, il agit pour son propre compte, prenant son gain, dont il ne doit donner le chiffre à personne ; comme commissionnaire, il agit pour le compte de ses commettants étrangers ou fabricants et contre une provision connue et consentie de ceux-ci. — C'est du commissionnaire seulement que nous parlerons, le commissionnaire étant seul capable d'aider à l'abouchement direct de la production et de la consommation.

Vrai commissionnaire.

Les qualités qui doivent animer le commissionnaire sont :

La probité, ou la fidélité à faire jouir ses commettants des avantages débattus et obtenus pour eux.

La discrétion envers les concurrents, qu'on ne doit pas exciter à donner des ordres analogues à ceux reçus.

L'intelligence des marchandises, leur connaissance spéciale, le goût, la possession des langues, l'habileté à nouer de bonnes conditions.

L'économie, et le dévouement qui mènent à servir bon marché.

L'activité, qui mène à servir vite.

L'ordre, si nécessaire surtout dans la multiplicité des détails de notre industrie parisienne.

Le véritable commissionnaire régularisant l'antagonisme du

producteur et du consommateur, les guide , leur économise du temps, et est intéressé à les satisfaire tous deux. S'il n'avance pas des capitaux lui-même, il est le plus apte à provoquer la confiance et le concours des banquiers dont les fonds aident à fertiliser l'industrie. Par ses voyages au dehors, il est le mieux à même de surveiller et de choisir les agents qui prennent les ordres et reçoivent les consignations, et les banquiers chargés des rentrées. Il est , nous l'avons dit, le point de liaison entre les extrêmes les plus éloignés : mais si, au lieu de ce rôle fécond, il croit, dans un intérêt faux et égoïste, devoir obstruer les rapports de la production et de la consommation, oh ! alors lui arrivent les épithètes de *vautour de l'industrie*, etc., justifiées et pour le mal qu'il fait, et pour le bien qu'il empêche.

Le *faux commissionnaire*, pour ne prendre un exemple que sur le chapitre de la probité , en annonçant à son commettant acheteur qu'il prend une provision réelle, est habitué à se faire concéder par le vendeur des remises en-dessous, qui n'ont pas plus d'excuses que les fraudes des fonctionnaires dans le service de l'état, ou de nos domestiques dans les achats de ménage. — La loi qualifie ce fait de *Dol* et renvoie les délinquants aux articles 406 et 408 du Code pénal, et s'il arrive rarement que le commissionnaire encoure un emprisonnement de deux mois à deux ans, il y a de nombreux exemples de restitutions par amendes exigées dans de telles proportions, que des fortunes en ont été gravement affectées.

Et, en effet, quel plus grand abus de confiance, après des conditions librement consenties avec un étranger qu'on a pris mission de protéger, que de le trahir devant le fabricant par des signes mis en usage entre certains individus ? Comment amener à des concessions désirables le vendeur qui a la haute main dans cette position ? — Je sais bien que beaucoup d'acheteurs se préoccupent exclusivement d'un taux de provision minime, de sorte que bientôt la mode pourrait venir, que ce soit le commissionnaire qui donne une provision à l'étranger pour avoir sa pratique ; mais ces excès doivent être entièrement répudiés par les vrais commissionnaires ; et il faut, au contraire, amener les clients étrangers qui ne comprennent pas, pour le commissionnaire, l'indispensabilité d'une porvision raisonnable avouée, à les servir à *rabais et primes ;* c'est-à-dire que l'intermédiaire, non plus commissionnaire, mais marchand, sur les prix tarifés des fabricants, concède à l'étranger certain *rabais,* quand l'escompte du fabricant fait d'ordinaire à lui en secret, le lui permet, et qu'il ajoute une certaine *prime,* quand l'escompte du fabricant ne suffit pas pour rémunérer ses travaux, frais et risques. — Il est toujours permis de dire : « Je gagne peu, sans vous dire combien; comparez mes services à ceux des autres ; » mais il n'est pas permis de dire: « Je gagne 4 p. o/o, » quand on en gagne 9 ou 12. — Le secret est un droit, le mensonge est une indignité.

Travaux, Frais et Risques.

Nous diviserons les travaux de l'exportation en quatre sections, *Achats, Ventes, Expéditions, Rentrées.* Ces deux dernières sections sont plus directement du ressort de la circulation ; c'est l'aller et le retour de l'échange, l'envoi de la marchandise, et le renvoi de l'argent ou de la traite.

ACHATS. — Le *commissionnaire acheteur* doit être l'avocat des intérêts de l'étranger venant à Paris : il le conduira aux sources de production qu'ignorent des acheteurs passagers ; ses relations importantes le tiendront au courant des prix les plus avantageux ; il offrira à ses clients eux-mêmes la comparaison des qualités et genres, et il les mettra en garde contre ces fabriques éphémères et sans consistance, dont le bas prix n'est souvent qu'un vernis cachant toutes les défectuosités de mauvaise fabrication : l'étranger, dans ce cas, prenant sur lui la plupart des frais et risques, doit prétendre à être servi avec toutes discrétion et économie.

VENTES. — Le *commissionnaire vendeur* doit être l'avocat des intérêts du fabricant avançant ses capitaux ou ses marchandises, pour aller tenter les débouchés du dehors, soit qu'il s'agisse de procéder par échantillons pour prendre des ordres, soit qu'il s'agisse de consignation de marchandises à placer, cas dans lesquels les frais et risques tombent à la charge du fabricant.

Pour ces opérations de ventes, le *commissionnaire vendeur* s'appuie souvent sur des *agents* qu'il est intéressant de ne pas choisir parmi ces voyageurs inconsistants portés à abuser de leur éloignement pour donner à leurs rapports une direction fatale à ces fabricants, qui se mettent trop légèrement à leur discrétion, tandis que la direction doit toujours être imprimée du centre. Il y a donc dans les arrangements avec ces agents des stipulations délicates à faire, que l'expérience seule de longues années peut indiquer. — Un bon agent s'engage à des tournées et à un chiffre d'affaires raisonnable; il procure des renseignements sur la probité, la sûreté, la solvabilité des gens, l'exactitude et la facilité de leurs rapports, tenant soigneusement au courant ces statistiques; il se charge d'échantillons suffisants, refuse les affaires à gain trop faible, donne autant de soins à celles entamées qu'à la recherche d'affaires nouvelles; marche sévèrement d'après les instructions qui lui sont données; vient à des époques convenues se retremper auprès de la fabrique de Paris. Enfin ce contrat avec lui doit être tel que son intérêt soit lié à l'intérêt de l'opération des ventes. — Le commissionnaire vendeur qui centralise dans les mains d'agents choisis les interêts de divers fabricants doit surveiller la comptabilité, la correspondance, les renseignements, les actes de ces mandataires : par lui les avances, les chances, les frais doivent être pesés; le fabricant doit être informé des variations que subit un article dans une localité, de ce qui est goûté, de ce qui est repoussé par la consommation. Dans les consignations, les soldes sont à bien surveiller. Dans tous les rapports, même ceux avec l'agent et avec le banquier, la plus grande circonspection s'appuyant sur l'expérience doit faire prévoir les déceptions; et notre industrie parisienne embrasse tant de détails, qu'il faut plus compter sur la prévoyance du *fait* que sur le secours du *droit*, la valeur d'un litige dans ces opérations ne méritant pas d'ordinaire de commencer un procès.

Expéditions.

Pour ne mentionner que quelques travaux, frais et risques de cette section, outre savoir ployer et emballer nos articles délicats et dommageables pour les protéger de toute casse et de toute détérioration durant le transport par roulage ou par chemins de fer, il faut veiller à la manutention, et à ce que rien ne soit égaré ou volé aux lieux où s'ouvrent les colis; contrôler surtout pour les consignations les frais de transport, d'assurance, etc.; arriver à joindre ensemble les envois de réassortiment, qui, seuls, feraient trop de frais; et autres services de ce genre. Mais la difficulté principale consiste, à l'occasion des douanes, dans le contact avec les gouvernements étrangers.

Étudier les tarifs des Douanes de chaque pays, en comprendre l'esprit et la lettre, est chose épineuse, puisque les différents bureaux de douanes d'un même pays ne donnent pas toujours à un texte la même interprétation. Des amendes, tantôt pour avoir déclaré trop peu, souvent pour avoir déclaré trop, tantôt pour avoir eu plus de logique que le tarif, menacent généralement le commerçant, toujours considéré comme suspect. — Puisse notre tarif français lui-même, cette lourde apocalypse du système prohibitif, se simplifier au poids du léger tarif anglais, et ôter par là aux autres nations présentes et futures le dangereux exemple de ces codes d'isolement et de représailles.

Rentrées.

Partout, en France surtout, entamer une affaire est grandement plus facile que de la terminer. La *rentrée du payement* est donc chose bien importante. Que d'obstacles viennent en travers d'une opération, chicanes, laissés pour compte, bonifications réclamées, tous *Litiges* qui ne peuvent se débattre et se régler par correspondance, qu'au moyen de la connaissance parfaite des langues étrangères, surtout s'il faut menacer de procès, ou les intenter par des avocats! Pour ces points contentieux, pour les faillites, il faut connaître les usages commerciaux, les lois, les priviléges encore existants dans les divers pays. Il faut, pour la réalisation des valeurs par les banquiers, tenir compte des pertes de changes souvent onéreuses, et de bien d'autres frais plus ou moins forts, qui, réunis, forment des sommes considérables; ce qui ne doit pas être oublié quand on forme ses prix de vente.

Mais le plus grand obstacle aux rentrées, c'est l'engorgement des stocks, à l'endroit des marchandises en consignations; c'est que les assortiments, ou trop nombreux ou vieillissant, n'engendrent pas des soldes à écouler, qui enlèvent par des pertes à la clôture, les gains premiers qui, à la naissance de l'opération, avaient donné des espérances.

Bénéfices.

Le gain, but final des affaires, doit varier suivent les circonstances, *d'Articles*, *de Personnes*, *de Lieux*, *de Temps*. Ainsi donc, suivant les *conditions* que l'on devra ou voudra faire, il sera nécessaire de combiner le calcul de ses *prix*.

Nous parlons ici comme commerçants unis aux fabricants : la marchandise, en sortant de la douane de Paris, a une valeur, une façon de plus qu'en sortant de l'atelier de la fabrique. Le commerçant l'a mise sur la route de son débouché, il l'a visitée, contrôlée, expédiée, facturée, et chargée de tous les travaux, et frais qui concernent le commissionnaire; c'est cette portion de gain, destinée à couvrir ces services, que nous appelons *Gain pour l'Article*. On comprend que ce gain variera suivant les objets, si l'on met en comparaison le travail sur dix cylindres en verre valant 100 fr., et sur dix bracelets en or valant 2,000 fr.

Le *Gain pour la Personne*, c'est ce gain qui ne peut être le même pour un commettant minutieux, achetant péniblement un total de trois chiffres, ou pour le commettant coulant, achetant avec promptitude des totaux de quatre et cinq chiffres.

Le Gain pour le Lieu, c'est le gain pour l'éloignement, *le Change*, les provisions de banquier, les frais de correspondance, de coopération des agents à l'étranger, et tant de chances ou avances qui sont bien différentes à Francfort, Buckarest ou Canton.

Le Gain pour le Temps, c'est le gain pour un *Crédit* plus ou moins long, de deux, trois, six mois, auquel, dans notre classement de convention, nous rattachons le Ducroire, la longueur du crédit entraînant toujours plus de chances de non-payement.

En considérant ces divers éléments de bénéfices, on concevra qu'il faudra en tenir une note exacte dans le calcul de ses *Prix et Conditions*, et que ces conditions bien raisonnées se poseront en face de l'acheteur, avec plus de conscience, d'économie de temps et d'avantages en général.

On verra aussi, que pour couvrir tous les frais et chances, il importe de vendre à l'étranger bien plus cher qu'à Paris; c'est là l'un des écueils des fabricants, qui ne sont excusables de cette confusion que lorsque manquant de débouchés à Paris, ils veulent s'en ouvrir au dehors; mais, pour qu'ils ne se trompent pas dans leurs entreprises, il faut que le gain de fabrication couvre les gains divers sur lesquels nous venons de leur ouvrir les yeux.

Quand les prix sont bien tenus dans un pays, quelle nécessité de les baisser trop vite? Et nous savons des marchés où nos produits, portés seulement de seconde main par nos voisins, se vendent à des prix fort élevés. Nous voyons un article, assez courant pourtant, qui se vend encore 25 p. 100 plus cher que le fabricant exportateur n'avait d'abord pensé le vendre, avant que ses collègues ne lui eussent indiqué les taux de leurs bénéfices ordinaires. Par contre, la concurrence ne sait pas toujours ainsi se ménager, et en Chine, pays si éloigné, des musiques suisses ont été baissées fatalement jusqu'à ne plus offrir que 3 p. 100 de gain.

Quelques fabricants nuisent aux débouchés de leurs propres articles en basant des prix, fixes il est vrai, mais trop bas, pour laisser le commissionnaire vendre aux prix de leurs tarifs, usage qui serait toujours le meilleur, et qui ne découragerait pas le commissionnaire, intermédiaire bon à ménager aussi.

De bonnes fabriques, comme la manufacture des tabacs, celle des glaces, celle des crayons Conté, dans le même sens que les fabriques anglaises, basent leurs prix *fixes* assez haut pour que des rabais mobiles puissent être faits suivant la qualité de l'acheteur, l'éloignement de son pays, la longueur du crédit qu'il demande; et c'est là la vraie règle à laquelle il faudrait convier la fabrique entière.

Par là le tarif imprimé du fabricant peut servir à tous et partout; son nom et sa marque se feront connaître ; le rabais sur ses prix variera de 0 p. 100 à 25 ou 30 p. 100, et tous les gains, rabais et risques, n'importe de qui, d'où et de quand, pourront s'échelonner et se calculer avec une justesse plus mathématique, justesse qui est le complément de la garantie offerte aux acheteurs dont nous recherchons la confiance.

Nous ne nous occuperons pas de l'appréciation des chiffres; c'est une affaire pratique qui sort des limites que s'est posées cette notice.

***

Question des Primes à l'Exportation.

En rédigeant cette notice, nous n'avons voulu soutenir aucun point de doctrine, désirant que l'industrie parisienne, en se réunissant, soit amenée à s'éclairer elle-même sur ses intérêts et sur les intérêts du pays. Le libre échange, que nous croyons dans certaines conditions favorable à nos débouchés, en déployant au grand jour son drapeau, a donné un exemple que la protection devra suivre. Nos amis de l'industrie parisienne devront être mis à même de juger sur les plaidoiries contradictoires qu'ils devront provoquer au milieu d'eux : débats sévères et consciencieux à réserver pour plus tard. Mais on nous signale des faits sur lesquels nous devons protester sans aucun délai.

D'abord, le Zollverein s'émeut déjà des primes que le gouvernement français veut donner à l'exportation, et pourra trouver les moyens de les neutraliser. Les États-Unis pourraient en faire autant.

Mais le point le plus grave serait que des chefs de la protection, directeurs de deux ou trois industries de peu de vitalité, auraient entraîné vingt-cinq ou trente belles branches de l'industrie parisienne à demander de 5 à 20 p. 100 de primes à la sortie pour des produits qui n'ont besoin, même maintenant, d'aucune protection. Et l'on comprend que ces trente branches recevant aujourd'hui l'aumône de quelques millions, auront mauvaise grâce quand, mieux renseignées et regrettant d'avoir été entraînées dans cette voie, elles réclameront contre les nombreux millions que nous coûte la protection des branches adroites qui les compromettent. Puisse la commission déjouer l'alliance des bronzes et de la faïence, alliance, contre la morale de la fable, nuisible cette fois à l'indolent pot de fer, et qui récompenserait si largement l'activité infatigable du pot de terre! — Les socialistes pouvaient se tromper dans leurs utopies; mais beaucoup de protectionnistes, ces autres adversaires de la liberté, ne se trompent pas dans le calcul de leurs intérêts; c'est à nous à ouvrir les yeux, et à voir si en nous endormant sur nos intérêts propres, nous ne nous aveuglons pas aussi sur les véritables intérêts de la France.

Conclusion.

Récapitulons les *Avantages* que retireraient les fabricants et les acheteurs étrangers par l'organisation facultative d'une *Union* dont les commissionnaires formeraient le centre : — Plus les débouchés s'étendront, plus l'intervention du commissionnaire deviendra utile, plus son rôle sera important, surtout pour l'Expédition et les Rentrées. La force individuelle isolée ne réussit pas à faire autant que les forces réunies d'une association qui se divise le travail.

Par l'union que nous désirons, l'étranger s'aboucherait facilement avec les *bons fabricants* de toutes les branches, et trouverait de suite le bon, le nouveau, et des prix fixes et modérés; il ne resterait plus à la discrétion du hasard, de l'inexpérience et de dévouements douteux.

Les bons fabricants s'aboucheraient avec les *bons acheteurs* de toutes les contrées, sans avoir à étudier les douanes, les langues, les lois du pays; ils créeraient une publicité respectable. Et quelle force n'aurait pas le voyageur recommandant à l'étranger « une union de fabriques, admettant la con-» currence, choisies par des commerçants, liguées pour la pro-» bité des relations, désirant s'aboucher avec des correspon-» dants peu nombreux, mais choisis aussi; enfin voulant con-» centrer dans chaque ville des rapports spéciaux solides et » bienveillants? » Il n'est pas de voyageurs ou agents habiles qui avec une telle mission ne dussent réussir complétement.

Travaillons donc, sans compter sur l'État, à nous réunir pour nous entendre, puis à unir nos efforts. — Entrons avec l'esprit de persévérance dans la voie de la pratique; et pour exploiter cette mine *du goût* qui n'existe que sous notre beau ciel, partageons-nous les rôles entre fabricants et commerçants, de manière à donner la plus grande impulsion possible à nos intérêts et aux intérêts de la patrie.

D. POTONIÉ.

Typographie Dondey-Dupré, rue St-Louis, 46, au Marais.

www.ingramcontent.com/pod-product-compliance
Ingram Content Group UK Ltd.
Pitfield, Milton Keynes, MK11 3LW, UK
UKHW022357120726
13694UKWH00005B/1920